Francesco Petrarca an Francesco Dionigi
von Borgo san Sepolcro in Paris

DIE BESTEIGUNG DES MONT VENTOUX

Mit farbigen Fotografien
von Constantin Beyer

INSEL VERLAG

Insel-Bücherei Nr. 1163

Aus dem Lateinischen übersetzt von Hans Nachod
und Paul Stern (1931).
Nachwort von Horst Nalewski

Erste Auflage 1996

Bezugspapier: Buntpapier, Lithographie, um 1909
Emil Hochdanz, Art. Anst.
Deutsches Buch- und Schriftmuseum
der Deutschen Bücherei Leipzig.
Inventar-Nr. 12/4360 (Sammlung Bartsch)
Satz: Hümmer, Waldbüttelbrunn
Druck: Nomos Verlagsgesellschaft, Baden-Baden
Printed in Germany
ISBN 3-458-19163-1

6 7 8 9 – 05 04

FRANCESCO PETRARCA

DIE BESTEIGUNG DES MONT VENTOUX

»Und es gehen die Menschen,
zu bestaunen die Gipfel der Berge
und die ungeheuren Fluten des Meeres
und die weit dahinfließenden Ströme
und den Saum des Ozeans
und die Kreisbahnen der Gestirne,
und haben nicht acht ihrer selbst.«

Aurelius Augustinus (354-430)

AN FRANCESCO DIONIGI VON BORGO SAN SEPOLCRO IN PARIS

Den höchsten Berg dieser Gegend, den man nicht unverdientermaßen Ventosus, den Windigen nennt, habe ich am heutigen Tage bestiegen. Dabei trieb mich einzig die Begierde, die ungewöhnliche Höhe dieses Flecks Erde durch Augenschein kennenzulernen. Viele Jahre lang hatte dieses Unternehmen mir im Sinne gelegen; habe ich doch in der hiesigen Gegend, wie du weißt, seit meiner Kindheit geweilt, wie eben das Schicksal die menschlichen Dinge fügt. Dieser Berg aber, der von allen Seiten weithin sichtbar ist, steht mir fast immer vor Augen.

Nun aber faßte ich den Entschluß, endlich einmal auszuführen, was ich täglich hatte ausführen wollen, besonders nachdem mir tags zuvor, als ich römische Geschichte beim Livius nachlas, zufällig jene Stelle vor Augen gekommen war, wo Philipp der Macedonierkönig – derselbe, der mit dem Römischen Volke Krieg geführt hat – den Berg Hämus in Thessalien besteigt. Denn er hatte der Fabel Glauben geschenkt, man könne von seinem Gipfel zwei Meere schauen: das Adriatische und das Schwarze Meer. Ob zu Recht oder zu Unrecht, habe ich nicht genügend ergründen können; denn die Sache wird dadurch unsicher, daß der Berg von unserer

Welt so weit entfernt ist und die Schriftsteller verschiedener Meinung sind. Um deswegen nicht alle nachzuschlagen: der Kosmograph Pomponius Mela berichtet, ohne Anstand zu nehmen, daß es so sei, Titus Livius hält die Fabel für falsch. Wäre es aber für mich so leicht, jenen Berg zu erkunden, wie diesen hier, so würde ich nicht lange im Zweifel lassen, wie die Sache sich verhält.

Um übrigens jenen fernen Berg zu lassen und zu diesem zu gelangen: Mir schien für einen Jüngling ohne Anteil am Staatsleben entschuldbar zu sein, was man ja an einem greisen König nicht tadelt. Als ich aber wegen eines Begleiters mit mir zu Rate ging, erschien mir, so merkwürdig es klingt, kaum einer meiner Freunde dazu geeignet: so selten ist selbst unter teuren Freunden jener vollkommenste Zusammenklang aller Wünsche und Gewohnheiten. Der eine war mir zu saumselig, der andere zu unermüdlich, der zu langsam, jener zu rasch, der zu schwerblütig, jener zu fröhlich, der endlich zu stumpfen Sinnes, jener gescheiter als mir lieb. Beim einen schreckte mich seine Schweigsamkeit, beim anderen sein lautes Wesen, beim einen seine Schwere und Wohlbeleibtheit, beim anderen Schmächtigkeit und Körperschwäche. Beim einen machte mich kalte Gleichgültigkeit bedenklich, bei einem anderen wieder gar zu heißes Anteilnehmen. All das, so schwerwiegend es ist, erträgt man daheim – erträgt die Liebe doch alles, und vor keiner Belastung scheut sich die Freundschaft.

Schwerer jedoch wird alles dies unterwegs. So wog mein empfindliches Gemüt, das auf eine anständige Vergnügung sann, umsichtig alle Einzelheiten gegeneinander ab, ohne damit irgendein Freundschaftsgefühl zu verletzen. Schweigend vielmehr verdammte es alles, wovon nun irgend vorauszusehen war, daß es auf der ins Auge gefaßten Reise lästig werden könne. Was glaubst du wohl? Schließlich wende ich mich um Beistand an den, der mir zunächst steht, und eröffne die Sache meinem jüngeren, meinem einzigen Bruder, den du ja gut kennst. Frohere Botschaft hätte er nicht hören können, und er dankte mir freudig, daß er bei mir gleichzeitig die Stelle eines Freundes und eines Bruders hätte.

Am festgesetzten Tage gingen wir fort von Haus und kamen gegen Abend nach Malaucène – das ist ein Ort am Fuße des Berges, nach Norden gewandt. Wir verweilten dort einen Tag und bestiegen heute endlich, jeder mit einem Bedienten, den Berg, nicht ohne viel Beschwerde. Er ist nämlich eine jäh abstürzende, fast unersteigliche Felsmasse. Indessen gut hat der Dichter gesagt: *Verwegnes Mühen alles zwingt.*

Ein langer Tag, schmeichelnde Luft, Lebensfeuer der Gemüter, Kraft und Gewandtheit der Leiber und was es sonst dergleichen geben mag, stand uns beim Wandern zur Seite; einzig widerstand uns die Natur des Ortes. Einen uralten Hirten trafen wir an den Hängen des Berges, der sich mit viel Worten bemühte, uns von der

Besteigung abzubringen. Dieser sagte, er habe vor 50 Jahren in ebensolchem Ansturme jugendlichen Feuers den höchsten Gipfel erstiegen, indessen nichts von da heimgebracht als Reue und Mühe und von Felskanten und spitzem Dorngestrüpp zerrissenen Leib und Rock, und es sei weder vor noch nach jener Zeit je bei ihnen davon gehört worden, daß irgendwer Ähnliches gewagt habe. Da jener dies uns zuschrie, wuchs uns am Verbote das Verlangen – denn jugendliche Herzen schenken ja Warnern nur ungern Glauben. Infolgedessen ging der Greis, als er sah, daß er sich vergebens mühe, etwas mit vorwärts und wies uns zwischen den Felsen einen steilen Pfad mit dem Finger, wobei er vielerlei zu erinnern wußte und viel hinter uns her seufzte, als wir schon davongegangen waren.

Wir lassen bei ihm all das zurück, was irgend an Kleidungsstücken oder sonstiger Ausrüstung hinderlich sein könnte, schicken uns einzig und allein zur Besteigung an und klettern munter los. Aber wie es meist geschieht, folgt dem ungeheuren Unterfangen geschwind die Ermattung. Wir halten also nicht weit von dort auf einem Felsen sogleich wieder an. Von da brechen wir von neuem auf und rücken weiter vor, aber schon langsamer. Und besonders ich legte den Weg am Berghang mit schon bescheideneren Schritten zurück. Mein Bruder strebte freilich auf einem Abkürzungspfade geradeswegs auf das Bergjoch zu zur Höhe, ich dagegen, der ich weichlicher bin, wendete mich nach

unten. Als er mich zurückrief und mir den richtigeren Weg wies, gab ich zur Antwort, ich hoffte, auf der anderen Seite einen leichteren Anstieg zu finden, und scheute den längeren Weg nicht, da ich auf ihm glatter vorwärts schreiten könne. Mit dieser Entschuldigung wollte ich meine Feigheit beschönigen, und als die andern schon die Höhe hielten, irrte ich durch die Täler, während nirgendwo sich ein gelinderer Anstieg eröffnete, vielmehr der Weg sich streckte, und zugleich die unnütze Mühe sich verschlimmerte.

Erst als ich vom Überdruß erschöpft war und mich mein Irrtum reute, beschloß ich, geradeswegs die Höhe zu erklimmen. So holte ich den wartenden und durch langes Ausruhen erfrischten Bruder ermattet und ärgerlich ein, und wir zogen nun etliche Zeit gleichen Schrittes weiter. Kaum daß wir aber jenen Hügel hinter uns gelassen, siehe, da lasse ich mich wiederum nach unten drängen und gedenke nicht mehr des Umwegs von vorhin, und wiederum gerate ich beim Durchwandern der Talgründe, während ich einen Weg von bequemer Länge suche, auf einen langen, unbequemen Weg. Allerdings schob ich so die Last des Steigens auf, aber durch Menschengeist wird die Natur der Dinge nicht aufgehoben, und es kann nun einmal nicht geschehen, daß irgendein körperliches Wesen durch Hinabsteigen zur Höhe gelangt.

Doch wozu viele Worte! So erging es mir zu meiner Entrüstung mindestens dreimal innerhalb weniger

Stunden, und mein Bruder lachte darob nicht wenig. So hatte ich mich denn, oft enttäuscht, in einem Tal niedergelassen. Dort schwang ich mich auf Gedankenflügeln vom Körperlichen zum Unkörperlichen hinüber und wies mich selbst etwa mit den folgenden Worten zurecht: »Was du heute so oft bei Besteigung dieses Berges hast erfahren müssen, wisse, genau das tritt an dich und an viele heran, die da Zutritt suchen zum seligen Leben. Aber es wird deswegen nicht leicht von den Menschen richtig gewogen, weil die Bewegungen des Körpers zutage liegen, die der Seele jedoch unsichtbar sind und verborgen. Wohl aber liegt das Leben, das wir das selige nennen, auf hohem Gipfel, und ein schmaler Pfad, so sagt man, führt zu ihm empor. Es steigen auch viele Hügel zwischendurch auf, und von Tugend zu Tugend muß man weiterschreiten mit erhabenen Schritten. Auf dem Gipfel ist das Ende aller Dinge und des Weges Ziel, darauf unsere Pilgerfahrt gerichtet ist. Dorthin gelangen wollen zwar alle, aber, wie Ovid sagt: *Wollen, das reicht nicht aus, Verlangen erst führt dich zum Ziele.* Du allerdings – wenn du dich nicht hierin wie in vielen Dingen täuschst –, du willst nicht bloß, du verlangst auch. Was hält dich also ab? Doch wahrhaftig nichts weiter, als daß der Weg durch die irdischen und allerniedrigsten Gelüste ebener ist und, wie es auf den ersten Blick scheinen möchte, bequemer. Gleichwohl mußt du nach langer Irrfahrt unter der Last des zum Unheil aufgeschobenen Weges hinansteigen zum Gipfel des seligen

Lebens selber oder in den Talgründen deiner Sünden säumig erliegen; und wenn dich dort – was nur heraufzubeschwören mir graut – *Finsternis und Schatten* des Todes finden, so mußt du die ewige Nacht unter beständigen Qualen verbringen.«

Es ist nicht zu glauben, wie sehr diese Überlegung mir zu dem, was noch zu tun verblieb, Geist und Körper aufrichtete. Ach könnte ich doch ebenso mit dem Geist jene Wanderung vollführen, nach der ich Tag und Nacht schmachte, wie ich nach endlich überwundenen Schwierigkeiten die heutige Wanderung mit leiblichen Füßen vollführt habe! Aber bei weitem leichter müßte doch wohl jene Wanderung sein, die durch die bewegliche unsterbliche Seele selbst ohne jede Fortbewegung *im Nu des Augenwinks* geschehen kann, als diese, die im zeitlichen Verlauf durch den Dienst des sterblichen und hinfälligen Körpers und unter der schweren Last der Glieder ausgeführt werden muß.

Ein Gipfel ist da, der höchste von allen, den nennen die Waldleute »das Söhnlein« – warum, weiß ich nicht. Ich vermute aber, daß es wie manches andere nach dem Prinzip des Gegensatzes gesagt wird; denn in Wahrheit scheint er aller benachbarten Berge Vater zu sein. Auf seinem Scheitel ist eine kleine Hochfläche. Dort ließen wir uns ermüdet endlich zur Ruhe nieder.

Und da du nun gehört hast, was für Sorgen beim Aufsteigen mir ins Herz emporgestiegen sind, so höre, mein Vater, auch das übrige, und wende eine von

deinen Stunden daran, die Taten eines meiner Tage nachzulesen.

Zuerst stand ich, durch einen ungewohnten Hauch der Luft und durch einen ganz freien Rundblick bewegt, einem Betäubten gleich. Ich schaute zurück nach unten: Wolken lagerten zu meinen Füßen, und schon sind mir Athos und Olymp minder unglaublich geworden, da ich das, was ich über sie gelesen und gehört, auf einem Berge von geringerem Rufe zu sehen bekomme. Ich richte nunmehr meine Augen nach der Seite, wo Italien liegt, nach dort, wohin mein Geist sich so sehr gezogen fühlt. Die Alpen selber – eisstarrend und schneebedeckt –, über die einst der wilde Feind des Römernamens hinüberzog, der, wenn wir dem Gerücht Glauben schenken wollen, die Felsen mit Essig sprengte – sie erschienen mir greifbar nahe, obwohl sie durch einen weiten Zwischenraum getrennt sind. Ich seufzte, ich gestehe es, nach italischer Luft, die mehr vor dem Geist als vor den Augen erstand, und ein nicht zu erstickender, glühender Drang beseelte mich, so Freund als Vaterland wiederzusehen; so jedoch, daß ich zuerst an beiden Regungen ihre noch unmännliche Weiblichkeit tadelte, obwohl mir für keine eine Entschuldigung fehlen würde. Sie könnte sich ja auf berühmte Zeugen als Beistand stützen.

Dann ergriff eine andere Überlegung Besitz von meinem Geist und brachte mich von der Betrachtung des Raumes auf die der Zeit. Ich sagte nämlich zu mir selbst:

»Heute erfüllt sich das zehnte Jahr, seit du nach Abschluß der kindlichen Studien aus Bologna auszogst, und – o unsterblicher Gott! o unwandelbare Weisheit! – wie vielen und wie großen Wandel deiner Sitten hat doch die Zwischenzeit gesehen!« Dabei übergehe ich, was noch unabgeschlossen ist. Denn noch bin ich nicht im Hafen, daß ich in Sicherheit vergangener Stürme gedenken dürfte. Vielleicht wird die Zeit einmal kommen, wo ich alles in genau der Folge, in der es sich abgespielt, erzählen kann, und zwar mit folgenden Worten deines Augustin als Vorrede: *Vergegenwärtigen will ich mir meine vergangenen Abscheulichkeiten und meiner Seele fleischliche Verderbnis, nicht als ob ich diese liebte, sondern auf daß ich dich liebe, mein Gott.*

Mir bleibt allerdings noch viel Zweifelhaftes, Beschwerliches zu tun. Was ich zu lieben pflegte, schon liebe ich es nicht mehr. Doch – ich lüge ja: ich liebe, aber minder heftig. – Schon wieder habe ich gelogen: ich liebe, aber bescheidener und zugleich trauriger. Nun endlich habe ich die Wahrheit gesagt. Denn so ist es: ich liebe, aber das, was ich lieber nicht liebte, das, was ich zu hassen wünschte. Und dennoch liebe ich, aber wider Willen, gezwungen, betrübt und voll Trauer, und an mir selbst erprobe ich Armer den Sinn jenes so berühmten Sprüchleins: *Hassen – soweit ich kann, sonst liebe ich wider Willen.* Es ist noch nicht das dritte Jahr verflossen, seit sich jenem verkehrten und nichtsnutzigen Willen, der mich ganz besaß und der im Palaste meines Herzens

ohne Widersacher herrschte, ein anderer Wille als Aufrührer und Rebell entgegengestellt hat. Zwischen diesen beiden wird auf dem Schlachtfeld meiner Gedanken schon lange eine höchst mühselige und auch jetzt noch unentschiedene Schlacht geschlagen, darüber, wer herrschen soll von den beiden Menschen in mir.

So trieb es mich in Gedanken durch das vollendete Jahrzehnt. Da ließ ich meine Sorgen ums Vergangene fahren und befragte mich selbst: »Wenn es dir vielleicht gelingen sollte, durch zwei fernere Lustren dies unstete flüchtige Leben weiter zu führen und im Verhältnis zur Zeitdauer ebensoviel zur Tugend fortzuschreiten, wie du in diesen zwei Jahren durch das Anstürmen des neuen Willens gegen den alten von der ursprünglichen Verstocktheit losgekommen bist, könntest du dann nicht, wenn auch nicht gesichert, so doch in Hoffnung, im vierzigsten Lebensjahre dem Tode entgegengehen und den Überschuß des ins Greisenalter hinabsteigenden Lebens leichten Herzens preisgeben?«

Diese und ähnliche Betrachtungen, mein Vater, kehrten in meiner Brust immer wieder. Ich freute mich über meinen Fortschritt, beweinte, was ich noch unvollendet gelassen, und bejammerte die allgemeine Wandelbarkeit des menschlichen Tuns; und so schien ich gewissermaßen vergessen zu haben, an welch einen Ort ich gekommen sei und zu welchem Zweck. Endlich aber verabschiedete ich meine Sorgen, für die ja ein anderer Ort passender sein mochte, schaute um mich und sah nun wirklich das, was zu sehen ich hergekommen war. Man mahnte mich, die Zeit dränge zum Abmarsche, denn schon neige sich die Sonne und der Bergesschatten wachse in die Länge, und nun wandte ich mich, gleichsam erwacht, um und blickte zurück gen Westen.

Der Grenzwall der gallischen Lande und Hispaniens, der Grat des Pyrenäengebirges, ist von dort nicht zu sehen, nicht daß meines Wissens irgendein Hindernis dazwischenträte – nein, nur infolge der Gebrechlichkeit des menschlichen Sehvermögens. Hingegen sah ich sehr klar zur Rechten die Gebirge der Provinz von Lyon, zur Linken sogar den Golf von Marseille, und den, der gegen Aigues-Mortes brandet, wo doch all dies einige Tagereisen entfernt ist. Die Rhone lag mir geradezu vor Augen. Dieweil ich dieses eins ums andere bestaunte und jetzt Irdisches genoß, dann nach dem Beispiel des Leibes auch die Seele zum Höheren erhob, schien mir gut, in das Buch der Bekenntnisse des Augustin hineinzusehen, eine Gabe, die ich deiner Liebe verdanke und die ich bewahre, zum Gedenken an den Urheber wie an den Geber, und die ich stets in Händen habe.

Das faustfüllende Bändchen allerwinzigsten Formats, aber unbegrenzter Süße voll, öffne ich, um zu lesen, was mir entgegentreten würde. Was anderes als Frommes und Demütiges konnte mir wohl entgegentreten? Zufällig aber bot sich mir das zehnte Buch dieses Werkes dar. Mein Bruder stand in der Erwartung, aus meinem

Munde etwas von Augustin zu hören, mit weit geöffneten Ohren da. Ich rufe Gott zu Zeugen an und ihn eben, der dabei war, daß dort, wo ich die Augen zuerst hinheftete, geschrieben stand: *Und es gehen die Menschen, zu bestaunen die Gipfel der Berge und die ungeheuren Fluten des Meeres und die weit dahinfließenden Ströme und den Saum des Ozeans und die Kreisbahnen der Gestirne, und haben nicht acht ihrer selbst.*

Ich war wie betäubt, ich gestehe es, und ich bat meinen Bruder, der weiter zu hören begierig war, mir nicht lästig zu fallen, und schloß das Buch im Zorne mit mir selbst darüber, daß ich noch jetzt Irdisches bewunderte. Hätte ich doch schon zuvor – selbst von den Philosophen der Heiden – lernen müssen, daß nichts bewundernswert ist außer der Seele: Neben ihrer Größe ist nichts groß. Da beschied ich mich, genug von dem Berge gesehen zu haben, und wandte das innere Auge auf mich selbst, und von Stund an hat niemand mich reden hören, bis wir unten ankamen. Genügend Beschäftigung hatte mir jenes Wort gebracht, und ich konnte nicht glauben, daß dies sich zufällig so gefügt hätte – nein, das dort Gelesene, glaubte ich, sei für mich und für niemanden anderen gesagt. Ich rief mir dabei ins Gedächtnis zurück, daß genau das gleiche einst Augustin betreffs seiner selbst vermutet hätte, als ihm nämlich bei der Lektüre der Apostelbriefe, wie er selbst berichtet, folgendes entgegentrat: *Nicht in Fressen und Saufen, nicht in Kammern und Unzucht, nicht in Hader und Neid;*

sondern ziehet an den Herrn Jesus Christus und wartet des Leibes, doch also, daß er nicht geil werde.

Dasselbe war ja schon vorher einmal, wie sein Biograph Athanasius berichtet, dem Antonius geschehen, der sich dem Dienst des Herrn weihte, als er das Evangelium gehört hatte, gleichsam als sei seinetwegen die Schrift verlesen worden, die Stelle nämlich, an der geschrieben steht: *Willst du vollkommen sein, so gehe hin, verkaufe, was du hast, und gib's den Armen, so wirst du einen Schatz im Himmel haben.*

Und wie Antonius, nachdem er dies gehört hatte, nach nichts anderem mehr suchte, und wie Augustin, nachdem er jenes gelesen, nicht mehr weiter fortfuhr, so war auch für mich mit den wenigen Worten, die ich eben angeführt habe, das Lesen schon ganz erledigt, und schweigend bedachte ich, wie groß der Mangel an Einsicht bei den Sterblichen sei, so daß sie unter Nichtachtung ihres edelsten Teils sich im Vielerlei verlieren und in leeren Schauspielen sich verzetteln und außerhalb suchen, was innen zu finden gewesen wäre. Und ich bewunderte, wie adlig unsere Seele sei, wenn sie nicht aus eigenem Antriebe entartet, abgeirrt wäre von dem Uranfange ihrer Herkunft, und wenn sie nicht das, was Gott ihr zu ihrer Ehre gegeben hat, selbst in Schmach verwandelt hätte.

Wie oft, glaubst du, habe ich an diesem denkwürdigen Tage, auf dem Rückwege umblickend, den Gipfel des Berges betrachtet, und er schien mir kaum die Höhe

einer Elle zu haben gegenüber der Höhe menschlicher Betrachtung, wollte man sie nur nicht in den Schmutz der irdischen Abscheulichkeit versenken. Und auch das kam mir Schritt für Schritt in den Sinn: Wenn es einen nicht reut, soviel Schweiß und Mühe auf sich zu nehmen, damit der Leib, ein klein weniges dem Himmel näher komme, welches Kreuz, welche Kerkerqual, welcher Marterstahl dürfte dann die Seele schrecken, die da Gott sich naht und die dabei die aufgeschwollene Bergeskuppe der Überhebung und die Geschicke der Sterblichkeit unter die Füße tritt? Und auch dies: Wie vielen wird es dann überhaupt beschieden sein, daß sie von dieser Straße aus Furcht vor Hartem oder aus Gier nach Weichem nicht abschweifen? O, überglücklich ist ein solcher Mensch – wenn es jemals einen gibt. Von ihm, glaube ich, hat es der Dichter empfunden:

Glücklich, wer den Grund der Dinge durfte erkennen,
Wer die Schrecken des Tods und das unerbittliche Schicksal
Seinem Fuß unterwarf – und des geizigen Acheron Toben!

Ach, mit welch einem Eifer müßten wir uns mühen, nicht um eine Höhe der Erde unter den Fuß zu bekommen, sondern die von irdischen Trieben geblähten Begierden!

Unter solchen Bewegungen der aufgewühlten Brust gelangte ich in tiefer Nacht, ohne vom steinigen Weg etwas zu fühlen, zurück zu der bäuerlichen Herberge, von wo ich vor Tageslicht aufgebrochen; und die mondhelle Nacht gewährte uns beim Gehen willkommenen Beistand. Inzwischen begab ich mich also, dieweil die Sorge um die Bereitung des Mahles die Dienerschaft beschäftigte, allein in einen abgelegenen Teil des Hauses, um dir dies hier in Eile und aus dem Stegreif zu schreiben, damit nicht, wenn ich es aufschöbe, durch Ortsveränderung etwa die Gemütsbewegung sich wandele und so der Vorsatz zum Schreiben verbrause.

Siehe also, liebevollster Vater, wie ich so ganz und gar nichts in mir vor deinen Augen verborgen wissen will, da ich dir nicht nur mein ganzes Leben, nein jeden einzelnen Gedanken so sorgfältig eröffne. Für diese Gedanken bete – ich flehe dich an –: da sie so lange unstet und unbeständig waren, möchten sie endlich einmal verweilen, und da sie so viel unnütz umhergeschleudert worden sind, möchten sie nun zu dem einen Guten, Wahren, Sicheren, Dauernden kehren.

Lebe wohl.

Am 26. April zu Malaucène [1336]

DER BRIEF
DES FRANCESCO PETRARCA
ÜBER DIE BESTEIGUNG
DES MONT VENTOUX

Zum Lesen empfohlen
von Rainer Maria Rilke

Dies ist ein berühmter Brief der Weltliteratur.

Dem aufmerksamen Leser wird seine Kunst-Form nicht entgangen sein. Gibt sie der erlebnishaften Mitteilung doch das zugleich anschmiegsame wie elegante Gewand; vermittelt sie doch in argumentativer Abstufung die Vielfalt des sowohl Angeschauten wie des Bedachten; und läßt sie schließlich trotz allen dialektischen und rhetorischen Kalküls das Subjekt eines Dichters vor uns erstehen. Petrarca (1304-1374) war einer der leidenschaftlichsten Briefschreiber seiner Zeit. Es sind rund fünfzig ›Bücher‹ seiner Briefe überliefert; *Freundesbriefe, Anonyme Briefe, Vermischte Briefe, Altersbriefe, Brief an die Nachwelt.* Und die Adressaten über vier Jahrzehnte waren niedrig- und hochgestellte Vertraute, Fürsten, Kardinäle, Könige, Päpste und der Kaiser. Petrarca war ein weit- und vielgereister Mann mit lebendigen und einflußnehmenden Kontakten. Zu seinen glücklichsten Erlebnissen zählte die Entdeckung der Briefe Ciceros in der Dombibliothek von Verona; solcher Fund verknüpfte ihn noch fester mit der bewunderten und nun wiedererweckten Antike sowie mit der weitzurückreichenden Tradition kunstvoll aufgebauter ›Epistulae‹.

1333/34 hatte Petrarca in Avignon den Augustiner-Mönch Francesco Dionigi kennengelernt. Er war es – im Brief mit »Mein Vater« angeredet –, der den angehenden Dichter mit dem augustinischen Ideal der Reflexion des eigenen Wesens vertraut gemacht und der ihm eine Abschrift der *Confessiones* des großen Kirchenlehrers geschenkt hatte. Es berührt uns, wenn wir hören, daß Petrarca in frommer Liebe zu Büchern eben dieses Büchlein des Augustinus über Jahrzehnte ständig bei sich getragen habe. Auch bei jener Besteigung des Mont Ventoux, die auf den April 1336 datiert worden ist.

Wie es nicht anders sein kann, werden ›Realien‹ dieses Weges auf den fast 2000 m hohen Gipfel benannt. Können wir sie sehen –? Den Fuß des Berges bei Malaucène; den uralten Hirten; jähe Felsmassen; spitzes Dornengestrüpp; ein Bergjoch; Wolken in den Tälern; im Osten die eisstarrenden Alpen, im Norden die Rhône, im Süden den Golf von Marseille; schließlich den steinigen Weg zurück und die bäuerliche Herberge in tiefer Nacht. Können wir das alles sehen –?

Dem vom Mittelalter in die Neuzeit übergehenden Menschen, der Epoche der Frührenaissance, waren die ›Realien‹ der Welt weniger ein selbständiger und objektiver Wert als vielmehr etwas Durchscheinendes, etwas Hinweisendes auf die große, in Gott ruhende Ordnung; ja, auf Gott selbst. Einzig in diesem Bezug zum Spirituellen hatten sie ihren Ort. Mit den Dichtern des 14. Jahrhunderts, dem italienischen Trecento, mit Dante, Petrarca, Boccaccio – den ›Drei Kronen von Florenz‹ –, beginnt eine neue Wahrnehmungsweise der Welt. Die Besteigung des Mont Ventoux ist für den bei Avignon Lebenden eine solche Hinwendung zu einem nun nicht mehr zu übersehenden Phänomen der Schöpfung. Insofern sind wir ›Sehende‹ dieses Weges; begreifen aber zugleich, daß uns nicht ›Geographie‹ geboten werden will, sondern ein realer Vorwand für etwas nur dem Menschen Mögliches und Notwendiges: die Versenkung in sein Inneres angesichts des Angeschauten. Für Petrarca ist dieser Raum die Seele.

Und abermals verknüpft der humanistische Gelehrte und Dichter seine Zeit mit der der Antike, indem er bekennt, daß es Livius war, der von des macedonischen Königs Philipp Besteigung des Berges Hämus in Thessalien berichtete und nun ihm den letzten Anstoß zu seinem Unternehmen gab; daß der Blick vom Gipfel des Ventoux ihm den Berg der Mönche vom Athos und den Olymp der griechischen Götter, Christliches und Heidnisches, nahebrachte und daß das Wort des Evangeliums und der römischen Dichter ihm die Bekräftigung seines eigenen Fühlens und Denkens geworden war. In dieser Aura des Überlieferten und des Geistes lebte Petrarca so ausschließlich, daß Thomas B. Macaulay, der englische Historiker der ersten Hälfte des 19. Jahrhunderts, von ihm sagen konnte: »Er hatte das Gelübde der Literatur abgelegt. Er liebte sie mit vollkommener Liebe. Er betete sie mit fast fanatischer Hingebung an. Er war der Missionar, der ihre Entdeckung fernen Ländern verkündete; der Pilgrim, der in die weite Ferne wanderte, um ihre Reliquien zu sammeln; der Einsiedler, der sich in die Einsamkeit zurückzog, um über ihre Schönheiten nachzudenken; der Ritter, der in mehr als metaphorischem Sinne die Barbarei und Unwissenheit in seinem Triumphzug hatte und auf dem Kapitol den Lorbeer empfing, den sein prächtiger Sieg verdiente.«

Auf dem Gipfel des Berges Ventoux stehend, trifft es ihn wie ein Blitz. Es ist fast eine Saulus/Paulus-Selbsterkennungsszene. Der Zufall hatte eine Seite der *Confessiones* aufgeschlagen; sie mußte ihn anmuten, als wäre sie für ihn und für diesen Moment verfaßt. Die Richtung des Blickes ändert sich, das Außen schwindet, und es hebt der insistierende Versuch an, Wahrheit in sich selbst zu erfahren, die Befindlichkeit der eigenen Seele zu erkennen, was ja alles nichts anderes bedeutete, als den Ort im Innern zu entdecken, der jenseits des Scheinhaften der Welt der Ort der Sicherheit sein sollte. Ein solcher Ort konnte für Petrarca nur sein, wenn er an Gott partizipierte.

Über die Jahrhunderte hört man die beschwörende Stimme des von einer Erkenntnis Getroffenen: sehen zu müssen, was er an sich selbst erlebt und nun hatte korrigieren können: »wie groß der Mangel an Einsicht bei den Sterblichen sei, so daß sie unter Nichtachtung ihres edelsten Teils sich im Vielerlei verlieren und in leeren Schauspielen sich verzetteln und außerhalb suchen, was innen zu finden gewesen wäre«.

Ist eine unserer Gefahren nicht, angesichts der doch leichten Erreichbarkeit fast jeden Punktes dieser Erde, uns »im Vielerlei [zu] verlieren« oder »in leeren Schauspielen [uns zu] verzetteln«? Was bedeutet das viele Angeschaute uns wirklich? Inwiefern befördert es, indem es uns notwendig ist, unser Wesen, aus dem heraus wir einzig Kraft zum Leben schöpfen können? Der ›Brief‹ wirft vielleicht mehr Fragen auf, als daß er uns Antworten bereitet. Die uns eigentümlichen müssen wir wohl selbst finden; in unserer Zeit.

Rainer Maria Rilke begegnete dem Petrarca-Brief wahrscheinlich, als er sich im Herbst 1909 für einige Zeit in Avignon aufhielt. Einen Moment lang dachte er sogar daran, ihn aus dem Original-Lateinischen zu übersetzen; so schlecht fand er die französische Version. Offenbar aber ist er mit seiner Übertragung über den Anfang nicht hinausgelangt:

Heute habe ich, einzig in dem Antrieb, die bedeutende Höhe des Ortes zu sehen, den höchsten Berg dieser Gegend, der nicht umsonst Ventosus (Ventoux) heißt, bestiegen. Seit vielen Jahren hatte ich diesen Weg im Sinne. Denn, du weißt ja, seit meiner Kindheit schon bin ich ...

Die ganz eigene Anverwandlung der Grunderfahrung dieses ›Briefes‹, die ja vor allem die eines Dichters ist, findet man zuerst in einer Äußerung Rilkes, die sein Ägypten-Erlebnis von Anfang 1911 reflektiert: »[...] ich war also wirklich [...] in Ägypten, aber es wäre mir recht geschehen, hätte ich überall vor den größesten Außendingen den heiligen Augustinus an der Stelle aufgeschlagen, die Petrarca trifft, da er oben auf dem Mont Ventoux, neugierig das gewohnte kleine Buch öffnend, nichts als den Vorwurf findet, über Bergen, Meeren und Entfernungen von sich selber abzusehen [...]; das Viele und oft Ungeheure, das vor meinen Augen war, um mich, neben mir, Dasein an Dasein, hat sich mir vielfach eingedrückt, aber daß ich mir einiges daraus als Zuwachs zuwende, das wird erst später, viel später vielleicht zu leisten sein.« (An Lili Schalk, 14. Mai 1911)

Wie immer man es nennen will, was hier geschehen ist: Berührung, Herausforderung, Erweckung –, sie wird erst dann hochbedeutsam, und das insbesondere für den Künstler, wenn sie sich in seinem Innern vorbereitet weiß, wenn der ›Fund‹ kein Zufall war, sondern auf des Suchenden ureigenstem Wege lag. Schon in den *Aufzeichnungen des Malte Laurids Brigge*, deren Entstehungszeit in die Jahre 1904 bis 1910 zurückreicht, war die Rede von den vielen weltischen »Erfahrungen«, die der Dichter haben müsse; die nun aber zu »vergessen« seien, »namenlos und nicht mehr zu unterscheiden von uns selbst«, damit sie einst sein unverwechselbares ›Wort‹ werden könnten. Und nirgendwo drückt sich das leidenschaftliche Verlangen Rilkes nach einer Zusammenschau von ICH und DING stärker und programmatischer aus als im Ersten Teil der *Spanischen Trilogie* vom Januar 1913. Da ist dieses augustinische ›Nicht-von-sich-selber-absehen-Können‹, angesichts der Überfülle von Welt-Eindrücken, und da ist die große Geduld, sich einst »einiges daraus als Zuwachs zu[zu]wenden«.

Allein am folgenreichsten scheint die Reflexion des Außen und Innen, wie sie der Petrarca-Brief bietet, aufgehoben in Rilkes bekenntnishafter Schrift vom Spätsommer 1913 mit dem Titel *Über den jungen Dichter*. Geht es hier doch um das zentrale Anliegen Rilkes überhaupt: »Das große Gedicht«, oder, wie er diese Seiten zuerst nennen wollte, um *Einige Vermutungen über das Werden von Gedichten*. Da heißt es: »Gewiß wird der Dichter, bei zunehmender Einsicht in seine grenzenlosen Aufgaben sich an das Größte anschließen; es wird ihn, wo er es erkennt, entzücken oder demütigen, nach seiner Willkür [...] Undenkbar ist es für ihn, sich von vornherein nach dem Großen auszurichten, da er ja gerade bestimmt ist, an ihm, seinem allgegenwärtigen Ziele, auf noch unbeschreiblich eigenen Wegen herauszutreten [...] Läge es aber einmal vor ihm, namenlos offenkundig, in seiner auf keinen, auf uns nicht Rücksicht nehmenden Herrlichkeit, – müßte er dann nicht, wie Petrarca vor den überwiegenden Aussichten des erstiegenen Berges, zurück in die Schluchten seiner Seele flüchten, die, ob er sie gleich nie erforschen wird, ihm doch unaussprechlich näher gehn, als jene, zur Not erfahrbare Fremde.«

Daß das Pendel zwischen den Polen des Außen und des Innen nun in letzterem gleichsam verharren möchte, »ihm [dem Dichter] doch unaussprechlich näher«, hat eine wesentliche Verursachung in dem bewußten und Rilke notwendigen Zurückweichen vor der zeitgeschichtlichen Wirklichkeit. Schon 1902 hatte er feststellen müssen: »Es ist so viel Fremde um uns im Deutschland von heute, so viel ausgesprochene und verschwiegene Feindschaft, daß wir *nur* in uns selbst [...] Stütze und Vertrauen suchen dürfen.« (An Friedrich Huch, 10. Januar 1902) Der Krieg verschärfte all die Gegensätze auf eine für Rilke existentielle Weise. Am 29. Januar 1915 schrieb er an Hanna Wolff: »Die Unsicherheit draußen, diese flakkernde Welt, in die man keinen Gegenstand, ja kein Wort stellen kann, ohne daß es die unruhigsten Schatten wirft, gibt mir das unbedingteste Bedürfnis, mich einzuziehen, vielleicht gerät man darüber an irgend eine allerinnerste Stelle, wo man selbst noch nie gewesen war, und kann von dort aus stabil sein.« Es wird Rilkes Weg sein, Sicherheiten aus einer »allerinnerste(n) Stelle« zu gewinnen, die nun allerdings an dem von ihm so genannten »Weltinnenraum« partizipiert. Der Schaffenshöhepunkt des Jahres 1922, die Vollendung der *Duineser Elegien* und die Entstehung der *Sonette an Orpheus*, wird ihn in dieser Richtung nur noch bestärken: »So ausgedehnt das ›Außen‹ ist, es verträgt mit allen seinen siderischen Distanzen kaum einen Vergleich mit den Dimensionen, *mit der Tiefendimension unseres Inneren*, das nicht einmal die Geräumigkeit des Weltalls nötig hat, um in sich fast unabsehlich zu sein.« (An Nora Purtscher-Wydenbruck, 11. August 1924)

Und dennoch. Es konnte ja nur die anhaltende und nie abreißende Spannung zwischen dem Innen und dem Außen sein, die Rilke vor Introvertiertheit bewahrte und seinem Dichter-Wort die Gültigkeit gab. In seinem letzten, Entwurf gebliebenen Gedicht, *Komm du, du letzter, den ich anerkenne*, heißt es:

»Bin ich es noch, der da unkenntlich brennt?
Erinnerungen reiß ich nicht herein.
O Leben, Leben: Draußensein.
Und ich in Lohe. Niemand der mich kennt.«

Der hymnisch-ekstatische Anruf an das Leben offenbart noch einmal diesen unverzichtbaren Bezug. Und ist Petrarcas Wahrnehmung der Berg-Welt des Ventoux nicht doch mehr als nur ein Vorwand für die Besinnung auf die Seele? Vermittelt uns diese Wahrnehmung nicht doch auch den realen Raum unserer Bewährung im »Hiesigen«?

Leipzig im Frühjahr 1996 *Horst Nalewski*

Zu dieser Ausgabe

Der Petrarca-Text folgt der Ausgabe:
Petrarca: Dichtungen, Briefe, Schriften.
Auswahl und Einleitung von Hanns W. Eppelsheimer.
Insel Verlag 1980 (it 486).

Die Fotos entstanden beim Nachvollzug von Rainer Maria Rilkes Reisen durch die Provence.

Seite 8/9: Der Mont Ventoux
Seite 12/13: Malaucène
Seite 17: Der Hirte
Seite 21: Der Gipfel
Seite 24/25: Blick »nach der Seite, wo Italien liegt«
Seite 28/29: »Die Rhone lag mir vor Augen«
Seite 32/33: Blick zurück auf den Gipfel
Seite 36: Der steinige Weg